O REAL LADRÃO

O REAL LA-DRÃO

texto e ilustrações de
WILLIAM STEIG

tradução de
FÁBIO BONILLO

1ª edição
FTD

FTD

EDITORA FTD
Rua Rui Barbosa, 156
Bela Vista — São Paulo — SP
CEP 01326-010 — Tel. 0800 772 2300
www.ftd.com.br
central.relacionamento@ftd.com.br

Diretor-geral
Ricardo Tavares de Oliveira
Diretor de conteúdo e negócios
Cayube Galas
Gerente editorial
Isabel Lopes Coelho
Editor
Estevão Azevedo
Editor assistente
Bruno Salerno Rodrigues
Assistente de relações internacionais
Tassia Regiane Silvestre de Oliveira
Coordenador de produção editorial
Leandro Hiroshi Kanno
Preparadora
Marina Nogueira
Revisoras
Fernanda Simões Lopes e Lívia Perran
Editores de arte
Daniel Justi e Camila Catto
Projeto gráfico
Luciana Facchini
Capa
Daniel Justi
Diagramação
Gabrielly Alice da Silva
Coordenadora de imagem e texto
Marcia Berne
Diretor de operações e produção gráfica
Reginaldo Soares Damasceno

A - 837.905/23

William Steig (1907-2003) nasceu em Nova York e foi cartunista, ilustrador e autor de livros adultos e infantis. Publicou, entre outros, *Roland the Minstrel Pig* [Roland, o porco menestrel], *Shrek!*, que serviu de inspiração para o filme de mesmo nome, e *Dr. De Soto*. Em 1970, recebeu a medalha Caldecott por *Silvestre e o seixo mágico*. *Dominic* venceu em 1973 o Christopher Award e foi finalista do National Book Award. Por sua obra, Steig recebeu o Premio di Letteratura per l'infanzia (Itália), o Silver Pencil Award (Holanda) e o Prix de la Fondation de France (França).

Fábio Bonillo nasceu em Pouso Alegre (MG), em 1987. É jornalista e editor. Traduziu, entre outros livros, *O macaco e a essência*, de Aldous Huxley (ganhador do prêmio Jabuti de tradução), *Os luminares*, de Eleanor Catton (finalista do prêmio Jabuti de tradução), *O livro das evidências*, de John Banville, *O livro de peixes de Gould*, de Richard Flanagan, e *Drácula*, de Bram Stoker.

Dados Internacionais de Catalogação na Publicação (CIP)
(Câmara Brasileira do Livro, SP, Brasil)

Steig, William, 1907-2003
O real ladrão / texto e ilustrações de William Steig; tradução de Fábio Bonillo. – 1. ed. – São Paulo: FTD, 2022.

Título original: The Real Thief
ISBN 978-1-78269-145-7 (ed. original)
ISBN 978-85-96-03283-4

1. Literatura infantojuvenil I. Título.

22-100331 CDD-028.5

Índices para catálogo sistemático:
1. Literatura infantil 028.5
2. Literatura infantojuvenil 028.5

Cibele Maria Dias – Bibliotecária – CRB-8/9427

SUMÁRIO

Para Maggie, Melinda e Francesca.

Galvão estava de guarda do lado de fora do novo Tesouro Real. Sua perigosa alabarda cintilava à luz do sol. O chão estava um pouco quente para os seus pés, então ele levantava primeiro um, bem pouquinho, e depois o outro. Alguns turistas se aproximaram. Galvão manteve a cabeça orgulhosamente ereta sobre seu pescoço comprido e o peito estufado dentro do uniforme vermelho e dourado, enquanto eles o fotografavam.

Quando os turistas se afastaram, Galvão se viu desejando a vida que levava antes — nadando em seu lago, cuidando de seu canteiro de ervas, cultivando repolhos impecáveis e vagens graúdas e esboçando plantas de edifícios incrivelmente originais. Ele sempre sonhara em se tornar um grande arquiteto e imaginava um novo palácio, que certamente o rei iria adorar. Seria oviforme — isto é, teria o formato perfeito de um ovo.

Ser o guarda-chefe do recém-construído Tesouro Real fazia dele um ganso importante, mas o trabalho o entediava. Então, por que é que tinha aceitado? Ele fora escolhido para o cargo pelo rei Basílio, o urso, por causa de seu caráter justo e confiável, e aceitara porque não poderia ter recusado de maneira alguma. Ele amava o rei, tosco, ríspido e paternal. Seu coração se aquecia na presença dele. Admirava a força que ele tinha. Adorava o cheiro

de mel que ficava impregnado nos pelos, nas vestes e no hálito do rei. Queria agradá-lo, ficar para sempre em suas ásperas e boas graças. Todo mundo queria. Basílio era um rei popular.

Para manter a uniformidade, outros três gansos — Heraldo, Geraldo e Venâncio — foram escolhidos para revezar

com Galvão na guarda em frente ao Tesouro, mas apenas ele e o rei tinham as chaves. Os gansos elaboraram e ensaiaram cuidadosamente uma cerimônia breve e despretensiosa para a troca da guarda. Na hora marcada, os dois guardas grasnavam duas vezes, e o que estava sendo rendido bamboleava para dar lugar a seu substituto.

Uma vez por dia, Galvão cumpria a missão de destrancar a imensa porta, escancará-la com o ombro e entrar no Tesouro para garantir que tudo estivesse na mais perfeita ordem. Depois, ele a trancava de novo.

O próprio rei ia de vez em quando ao Tesouro e abria a imensa porta com um simples toque. Lá ele punha coisas ou de lá as tirava — joias, medalhões, coroas preciosas de interesse histórico, dinheiro angariado em impostos para poder governar. Nas ocasiões em que Basílio estava sobrecarregado demais com questões administrativas maçantes, ou nas noites em que não conseguia conter o fluxo de pensamentos e pegar no sono, entrava no Tesouro e contava as moedas de ouro e o que mais achasse necessário contar. Isso acalmava seus nervos, e ele sempre dormia bem depois.

Naturalmente, toda vez que o rei colocava ou tirava alguma coisa do Tesouro, ele informava Galvão das mudanças que empreendia. Galvão sempre gostou dessas conversas breves com o rei; ansiava por elas.

Por um longo tempo, nada se extraviou dali. Tudo estava em paz, apesar de entediante. Mas um dia, em sua rotina de inspeção, Galvão teve a impressão de que a pilha de rubis estava menor do que deveria. Contou-os às pressas e saiu correndo, batendo as asas, para relatar ao rei que faltava algo. Basílio o acalmou. Abaixou seu pote de mel, enxugou os dedos e, juntos, os dois voltaram ao Tesouro.

À luz de uma lamparina, contaram cuidadosamente os rubis, pronunciando os números em voz alta. Dito e feito: havia apenas 8.643 gemas vermelhas, quando deveria haver 8.672. Vinte e nove rubis tinham desaparecido!

O rei Basílio e o guarda-chefe do Tesouro Real olharam um para o outro. O rei ergueu a lamparina e a segurou diante do rosto de Galvão.

— Como alguém poderia ter entrado aqui? — perguntou. — Só você e eu temos as chaves. Será que você deixou a porta aberta por engano?

— Ah, não, Vossa Alteza — disse Galvão —, sempre tomo muito cuidado. Eu inspeciono, reinspeciono e re-reinspeciono. Às vezes minha cabeça se distrai, mas meus olhos estão sempre bem abertos. Enxergo à minha esquerda e à minha direita ao mesmo tempo. À frente não enxergo muito bem, mas ninguém conseguiria se aproximar de mim sem passar diante do meu olho esquerdo ou do direito.

Heraldo, Geraldo e Venâncio foram convocados. Eles chegaram correndo, cada um segurando a sua alabarda, e pararam em posição de sentido na frente do rei. Foram questionados um por um. Todos negaram: se algo fora do comum tivesse acontecido, eles certamente teriam relatado, pois isso era o seu dever. Aqueles que em geral só passavam por ali tinham mesmo só passado. Um ou outro visitante estrangeiro também aparecera. Nada além disso. Ninguém tinha se aproximado da porta.

As trancas foram examinadas por chaveiros experientes. Estavam intactas. Galvão garantiu ao rei que tomaria o dobro de cuidado após o ocorrido. E ele tomou o dobro, até o triplo, de cuidado. Ficou em alerta constante e evitou devaneios, guardando na mente a grande responsabilidade que tinha para com seu rei e o reino. Examinou cada

criatura que por ali passou, mesmo que fosse somente uma borboleta ziguezagueando sem rumo. E advertiu Heraldo, Geraldo e Venâncio a fazerem o mesmo. Sempre que a guarda era trocada e ele bamboleava para o lado dando lugar a seu substituto, avisava:

— Fique de olho!

E os guardas ficavam de olho. Mas, nos dias seguintes, primeiro uma boa quantidade de moedas de ouro foi dada como perdida, depois preciosos ornamentos de prata, e *então...* o queridinho do Tesouro: o mundialmente famoso diamante Kalikak!

O rei Basílio entrou em parafuso. Andava para lá e para cá, arrastando seu manto roxo. Então, chamou Galvão e os outros ajudantes à sua presença, no tapete em frente ao trono, e os questionou duramente, um após o outro. As respostas eram sempre as mesmas. Eles tinham ficado em guarda constante. À noite, a vigília fora dobrada para garantir que ninguém se distraísse ou cochilasse — e, principalmente, que ninguém dormisse: nenhum deles chegou a pôr a cabeça embaixo das asas. Galvão, o chefe, fizera sua ronda não uma, mas duas vezes por dia, conferindo os tesouros com escrupuloso cuidado. Não havia como explicar os desaparecimentos.

Durante o questionamento, com os pés palmados bem firmes sobre o tapete vermelho e felpudo, Galvão teve por um instante a impressão de que o rei olhava para ele de maneira indagadora demais, até com desconfiança. O ganso estremeceu, mas devolveu a Basílio um olhar transparente, sem vacilação, com seus olhos que pareciam botões. Ele adorava aquele rei enorme, quente, peludo, de orelhas gordas e peludas que caíam tão bem com o roxo da realeza. Ele entendeu o aborrecimento do monarca, mas se sentiu ofendido.

— Se a sua honorável benevolência me permite — disse ele com um bocado de ironia na voz —, não está no reino das possibilidades que Vossa Alteza Real tenha cometido um erro real? Beijo humildemente os seus pés quentes e peludos e espero que não me julgue desrespeitoso quando sugiro que porventura o senhor tenha retirado alguns dos estimados objetos do Tesouro e, preocupado como é com as elevadas responsabilidades de um monarca, tenha esquecido que o fez.

Essa declaração disparatada pareceu a Basílio totalmente desnecessária. Ele encarou o ganso insolente, e os pelos marrons de sua nuca se eriçaram.

— Eu sei o que estou fazendo, Galvão — vociferou. — O rei não comete erros!

— Perdão — disse Galvão, mudando de tom. — Que ousadia a minha! — E fechou o bico com estrondo, baixando a cabeça.

A inexplicável reviravolta de acontecimentos deixou o rei Basílio embasbacado. Ele detestava esse problema sem solução. Convocou uma reunião especial do Gabinete Real e pediu a opinião de todos os membros.

— Quem tem as chaves? — perguntou o primeiro-ministro, o gato Adriano, mesmo que já soubesse a resposta.

— Apenas Minha Própria Alteza e Galvão — respondeu Basílio.

— O Tesouro foi construído com pedras maciças de trinta centímetros de espessura, todas bem encaixadas — disse o primeiro-ministro —, e tem paredes internas pesadas, feitas de carvalho. O chão também é de pedra, e a edificação não tem janelas, chaminé ou porão. A porta de madeira é espessa, enrijecida com barras de ferro rebitadas e protegida por quatro fechaduras robustas. Nenhuma das fechaduras está quebrada ou aparenta ter sido forçada. Elas foram examinadas pelos melhores chaveiros. Já que Vossa Alteza jamais roubaria a si próprio, quem mais poderia ter sido senão Galvão? Ninguém aqui acredita em fantasmas.

— Não foi Galvão — disse o rei com firmeza. — Ele é um ganso honrado, como todos sabem. Confio nele tanto quanto em mim mesmo. A verdade é que eu o amo como a um filho.

— Ame-o como a um filho, se quiser — afirmou Adriano, com visível inveja —, mas, na qualidade de primeiro-

-ministro, não posso me deixar orientar por sentimentos tão irracionais. Alguns objetos preciosos sumiram do Tesouro; sobre isso não há dúvida. Não existe nenhum acesso ou saída senão pela porta da frente; nenhuma fechadura foi quebrada, e apenas o senhor e o seu amado ganso têm as chaves. Esses são os fatos. O culpado só pode ser Galvão ou, rogo pelo seu altivo perdão, o senhor mesmo. Já que o senhor não tem motivo para subtrair do próprio Tesouro e já que é impensável que o senhor esteja errado sobre o que quer que exista na Terra, Galvão é a única resposta lógica à pergunta: "Quem fez isso?".

Adriano fez uma reverência servil: sua cauda se levantou, balançou e arqueou enquanto ele acrescentava, em latim oficial:

— *Quod erat demonstrandum.**

O rei não soube o que dizer em resposta à argumentação impecável do primeiro-ministro. Ele confiava no funcionamento da mente de Adriano mais do que no próprio instinto. Basílio mandou os conselheiros embora e desabou em seu trono, abatido. Após ouvir aquela opinião na qual

* Em português, "Como se queria demonstrar". Expressão usada em demonstrações matemáticas ou filosóficas para indicar o fim de um argumento. [Nota da edição brasileira.]

não acreditava de verdade, mas que era obrigado a respeitar, ficou confuso e recaiu em ponderações embaralhadas. Sua mente foi povoada por sombras errantes, e ele se pôs a meditar. Quanto mais meditava, mais sombria se tornava a convicção de que seu amado Galvão, apesar dos olhos transparentes e inocentes, e apesar do histórico imaculado, era um ladrão, e que confiar nele tinha sido uma tolice.

Em casa, Galvão foi arrancado da cama à meia-noite, após um sono perturbado por preocupações. Teve um minuto para se vestir e foi arrastado até a masmorra do castelo. Lá, foi despido de seu uniforme vermelho e dourado e recebeu as vestes pardacentas de um prisioneiro. Sua alabarda e suas chaves lhe foram tiradas e ele foi jogado em uma cela úmida por carcereiros brutos. Em estado de choque, sentou-se numa pedra fria e perguntou-se por que um bom ganso que cumprira com seu dever estava agora confinado em uma masmorra imunda.

Na manhã seguinte, cinzenta e sem sol, fizeram uma busca na casa e no terreno de Galvão. Especialistas examinaram cuidadosamente os documentos dele — diários, cartas, plantas — em busca de pistas. O fundo do lago foi vasculhado por mergulhadores. Nada que não devesse estar lá foi encontrado em nenhuma parte da propriedade.

— Ele escondeu os bens roubados em algum lugar — disse o primeiro-ministro. — Eu sei que escondeu. Recomendo que o levemos a julgamento e descubramos onde.

O rei Basílio concordou.

Poucos dias depois, realizou-se um julgamento. Galvão foi levado à corte segurado por dois guardas. A cidade parecia a mesma de sempre, com suas casas amistosas e suas ruas largas e asseadas. Mas, para Galvão, ao ser arrastado por aquelas ruas encantadoras pelos oficiais da lei, era estranho que a cidade parecesse a mesma.

Na corte, Galvão recusou a ajuda de um advogado. Sentiu que não precisava de um, já que era inocente. O julgamento era ridículo, como todo mundo logo veria. Ele permaneceu sentado, esperando o absurdo começar.

A cidade inteira acorreu à corte. Todos conheciam Galvão. Eram seus amigos, seus admiradores. Alguns o conheciam desde sempre e sabiam muito bem de seu caráter. Ele frequentara a escola com alguns deles. Tinham feito travessuras juntos, compartilhado e aproveitado as coisas. Eram caros a ele, e o ganso era muito querido por todos. A cidade ficou pasma com as acusações feitas ao querido ganso e só se conversava sobre isso nos dias que se seguiram ao anúncio do julgamento. Galvão, ladrão? Que coisa mais despropositada! Mesmo que ele fosse acusado desse crime covarde, o esplendor de seu nome sem dúvida seria preservado.

O rei Basílio sentou-se na cadeira do juiz, com um olhar cansado no rosto. Acima de sua cabeça estavam penduradas as grandes balanças de bronze, brilhantemente lustradas, que simbolizavam a justiça. Galvão ficou sozinho em um espaço livre diante do rei. Muitos dos espectadores não conseguiram lugar para se sentar.

Depois que Esdras, o meirinho, pediu ordem no tribunal, o rei Basílio foi direto ao assunto. Ele olhou para Galvão e perguntou:

— Jura dizer somente a verdade?

— Juro — disse Galvão, indignado.

— Você é o guarda-chefe do Tesouro Real?

— Sabe que sou — respondeu Galvão —, pois o senhor mesmo me nomeou.

— É verdade — gritou o rei — que vinte e nove rubis, cento e três ducados de ouro, vários ornamentos de prata e o diamante Kalikak sumiram do Tesouro?

— Sim — disse Galvão. — Não há necessidade de gritar.

Ele tivera uma noite insone e agitada e estava exausto, mas conseguiu manter a cabeça erguida. Olhou para seus amigos, que lhe devolveram um olhar tranquilizador. Viu João, o castor; Martim, o bode; Luísa Mabel, a buldogue, que batizara o primeiro filho com o nome dele; seus colegas gansos — Heraldo, Geraldo, Venâncio, Gervásio e Diego — e muitos outros. O olhar bondoso deles lhe deu coragem.

— Você está ciente — disse o rei — de que o diamante Kalikak sozinho vale milhões; que, por causa desse roubo, não teremos como construir a casa de ópera que havíamos planejado; e que, além do mais, precisaremos aumentar os impostos?

— Não, eu não tinha ciência disso — contou Galvão. — Eu tinha outras coisas em que pensar.

Todo mundo ficou atento. Ninguém tinha considerado as consequências dos roubos.

— Quem mais faz a guarda do Tesouro Real? — perguntou o rei.

— Meus bons amigos: Heraldo, Geraldo e Venâncio.

— Eles têm as chaves do Tesouro? — perguntou Basílio.

— Não — disse Galvão.

— Alguém poderia entrar no Tesouro sem as chaves?

— Não — disse Galvão. — A porta é o único meio de entrada ou saída e está sempre fechada.

— Quem, além de mim, tinha as chaves do Tesouro? — perguntou Basílio.

— Eu — disse Galvão.

— Alguém mais tem as chaves?

— Não — disse Galvão.

Sussurros estarrecidos percorreram a multidão. O rei Basílio teve que bater o martelo para pedir ordem. E prosseguiu:

— Diga uma coisa à corte: você já deu suas chaves para outra pessoa? Alguma vez elas não estiveram em sua posse?

— Nunca — disse Galvão. — Elas sempre estiveram penduradas no meu cinto durante o dia e, à noite, ficavam embaixo do meu travesseiro.

— Acha possível que, de alguma maneira misteriosa, as joias tenham deixado o Tesouro por conta própria? — Ouviram-se alguns risinhos involuntários após a pergunta do rei.

— Não! — disse Galvão, acalorado.

— Você alguma vez se esqueceu de trancar a porta?

— Absolutamente — respondeu Galvão.

— Então concorda comigo — prosseguiu o rei — que somente você e eu temos acesso aos tesouros reais, já que somente nós dois temos as chaves? Você acha provável que *eu* tenha furtado essas coisas, pilhando, assim, a mim mesmo e aos meus próprios súditos?

Silêncio tenso na multidão.

— Não sei mais o que pensar — disse Galvão. — Só sei que estou sendo falsamente acusado aqui. Não posso responder por Vossa Alteza, apenas por mim. Não fui eu!

Galvão pôde ouvir o susto dos espectadores. Ele entendeu que sua audácia os havia chocado. O próprio rei Basílio ficou furioso.

— Boa parte de nossa riqueza sumiu — vociferou — e só há duas pessoas que poderiam tê-la levado: você ou o seu rei. Você atrevidamente nega isso e, para disfarçar a própria culpa, está disposto a insinuar que o seu rei seja o ladrão!

Galvão pôde sentir o cheiro de mel no hálito do rei.

— Sou inocente — afirmou.

O rei apontou para Galvão e dirigiu-se à multidão.

— Diante de vocês está um ganso que enganou a todos nós. Confiamos nele, e ele traiu nossa confiança. Ninguém além dele poderia ser o ladrão.

Basílio olhou para Galvão com desprezo e disse:

— Assim, acuso você de roubar tesouros reais e aplico uma acusação de falso testemunho, de perjúrio! Você jurou dizer a verdade.

— Sou um ganso honesto — retrucou Galvão, e virou-se para os amigos em busca de confirmação. Eles se recusaram a olhar de volta. Pareciam constrangidos. O ganso ficou horrorizado com o que leu no rosto deles. Estava claro que tinham parado de acreditar nele. O indício apresentado pelo rei os convencera de que ele era culpado!

— Você é uma desgraça para este reino! — bradou Basílio, rosnando de desgosto.

Essa simples declaração, dita com tanta crueldade, grudou na cabeça de Galvão. Ele foi ficando confuso. Aquelas

coisas estavam realmente acontecendo ou ele estava imaginando tudo aquilo?

"Por que estão todos olhando para mim com tanta aversão?", perguntou-se. "Talvez eu seja mesmo culpado, mas de quê? *Não!* Não fui eu. Não fui. Isso é algum plano para me deixar louco; daqui a pouco vão parar e dizer que foi uma brincadeira. Não, eles realmente pensam que *sou* culpado."

Galvão olhou para cada um deles e os fez ver como o haviam magoado.

— Antes que eu determine a sentença — disse o rei Basílio —, tem algo mais a dizer em sua defesa?

Galvão não teve vontade de falar. "De que adianta?", pensou. "Eles já se decidiram. Por que desperdiçar palavras?"

— E então? — insistiu o rei.

Galvão hesitou por longos segundos. Então olhou orgulhosamente nos olhos de Basílio, virou-se para olhar todos os demais e disse numa voz ressoante:

— Sou um ganso honrado. Como é possível que me julguem o contrário disso, não sei. Talvez nosso Criador saiba.

Sem dúvida, Ele sabe quanto eu amei vocês. Mas agora EU ODEIO todos e cada um de vocês, e com todo o meu coração, por verem em mim um mal que não existe. Vocês deviam se envergonhar!

— Isso é tudo? — perguntou o rei.

— Isso é tudo — concluiu Galvão.

— Por meio desta sentença, condeno-o à prisão na masmorra do castelo até que tenha a bondade de nos dizer onde escondeu os tesouros que roubou — disse o rei. Depois, para os guardas: — Acorrentem-no!

Galvão encarou o chão e viu os próprios pés amarelos. Eles, pelo menos, pareciam reais. Não conseguiu perceber nenhuma compaixão vindo daqueles à sua volta. Sentiu-se pesado, entorpecido. Ouviu vagamente o sino da torre badalar três vezes. Quando os guardas se aproximaram dele trazendo as correntes, uma fúria súbita inflamou seu espírito. Ele viu o amplo céu azul do lado de fora da corte.

— Estarei livre de vocês todos *para sempre*! — grasnou alto. Galvão bateu as asas e, com uma corridinha furiosa, alçou-se do chão e saiu voando por uma grande janela aberta.

A multidão correu atrás dele. Observaram-no voar muito alto sobre a cidade, muito acima das maiores torres, e cruzar o Lago Soberbo. Viram-no desaparecer floresta adentro, do outro lado. O rei ficou ali parado e prometeu a todos à sua volta que iria perseguir Galvão e garantir que ele recebesse o que o aguardava.

O real ladrão, aquele que *deveria* ter sido levado a julgamento, permaneceu sentado no tribunal acompanhando os procedimentos com muita emoção. Ele não era facilmente percebido, por ser pequeno. E quem era ele, esse ladrão? Um rato, Derico. Era amigo de Galvão, embora raramente o visse, por estar com mais frequência acompanhado de criaturas de seu tamanho. Várias vezes, durante o julgamento, Derico teve vontade de se levantar e anunciar que o ladrão era *ele*, e não Galvão, mas ficou com medo. Em certo ponto, sentiu que estava prestes a se erguer e lembrar a todos que a prova contra Galvão era meramente circunstancial. Mas não podia, porque isso o levaria à confissão que ele desejava ter coragem de fazer.

E como foi que Derico se tornou um ladrão? Bem, o Tesouro Real não era assim tão à prova de invasão como o rei, o arquiteto, os construtores, Galvão, os outros guardas e todos os demais pensavam. É verdade que as paredes de pedra tinham trinta centímetros de espessura, que o chão era de pedra e que a única entrada ou saída se dava pela porta pesada, bem trancada e bem vigiada. Mas era a única? Na verdade, não. Entre duas pedras, em um canto do chão, havia uma pequena fenda não cimentada, grande o bastante para que um ratinho conseguisse atravessá-la levando algo consigo — e Derico a descobriu.

Um dia, explorando um velho túnel de toupeira que começava em sua própria porta, Derico foi dar bem debaixo da fenda entre aquelas duas pedras e, como qualquer rato que se depara com uma pequena fresta, ele simplesmente tinha que saber o que havia do outro lado. Ao atravessá-la, viu-se dentro do Tesouro Real. Precisou prender a respiração diante do que encontrou. O rei Basílio, que estivera lá antes, tinha se esquecido de apagar as lamparinas, e o imenso tesouro do reino brilhava e cintilava por todos os lados. Por um bom tempo, Derico apenas olhou à sua volta, aturdido com aquela abundância esplendorosa. Andou na ponta dos pés para cá e para lá e tocou timidamente em alguns rubis, deliciando-se com a riqueza vermelha daquele brilho melífico. Lembrando-se das escavações de sua casa, em meio aos galhos retorcidos de um velho carvalho — com paredes ora úmidas, ora quebradiças, a mobília bamba, a cama que fizera recentemente a partir de um pedaço maleável de juta, o cheiro de queijo rançoso e de terra pré-histórica —, foi tomado aos poucos por uma inveja nauseante.

Então uma coisa estranha — talvez não tão estranha — aconteceu. Embora nunca tivesse feito nada de criminoso em seus longos cinco anos e meio de vida, Derico decidiu que precisava ter um rubi vermelho brilhante. Assim, carregou um através da fenda e o levou para sua casa, em meio às raízes do carvalho.

Por vários dias, Derico passou a maior parte do tempo olhando para sua pequena maçã — o rubi roubado —, colocando-a ora aqui, ora ali, em sua casa. Sabia que tinha feito algo errado, mas justificou que um rei poderoso jamais sentiria a falta de um pequeno rubi. E, embora se sentisse mal, no fim das contas se sentiu mais bem do que mal com a posse do rubi. Ele logo voltou ao Tesouro e pegou mais alguns rubis, um de cada vez. Derico os dispôs onde achou que ficavam mais à vista.

O lugar começou a parecer bem melhor. De alguma forma, o rato passou a sentir que era um rato de grande importância. Quando saía brevemente para o mundo lá fora, notava que seus amigos o tratavam com mais respeito, talvez porque ele estivesse se comportando de uma maneira que exigia mais respeito.

Não satisfeito com a existência menos que modesta de um rato desimportante, retornou em busca de mais rubis, e depois de mais ainda. Agora ele possuía — ou ao menos sua casa tinha — vinte e nove gemas cor de vinho que brilhavam e faiscavam calorosamente à luz de lamparinas. Ele as organizou de várias maneiras. Primeiro, enfileirou-as como uma barreira em volta do quarto, mas descobriu que elas precisavam ficar muito espaçadas; não era o efeito que ele desejava. Em seguida, espalhou-as em volta da cama. O contraste com a juta era surpreendente. Tinha um aspecto quase cômico, e ele gostava disso. Derico desejou poder dividir aquilo com seu primo, Godofredo, mas Godofredo era um tagarela. Azar o dele. Derico teria que apreciar aquilo tudo sozinho.

Em seguida, descobriu que, deitado na cama, não conseguia ver os rubis e quis ter a possibilidade de contemplá-los do luxo de uma posição reclinada. Então se levantou e corricou pelo aposento, rearrumando as joias em círculos concêntricos no meio do quarto. Os rubis vermelhos brilhantes formavam uma espécie de carpete reluzente sobre a terra parda. Depois o rato se sentou com as pernas cruzadas na cama de juta e tocou sua minúscula cítara, apreciando a nova decoração.

O tesouro não era dele; ele sabia que não era dele, mas lá estava, no chão da casa *dele*, e isso o fazia se sentir rico. Derico levantou-se, esculpiu uma bengala a partir de um belo galho de carvalho e saiu para passear. Todo mundo que o encontrava dizia que ele parecia muito chique carregando uma bengala.

Naquela noite, Derico sonhou que era o imperador de um reino povoado por pequenas criaturas como ele — ratos, toupeiras, sapos, morcegos, beija-flores e assim por diante —, com grandes insetos trabalhando como criados. De manhã, voltou ao Tesouro. Agora ele tinha começado a pegar os brilhantes ducados de ouro. O rato sentia que estava pegando, não roubando, porque nunca lhe ocorrera que tinha se tornado um criminoso. Até onde ele sabia, um criminoso era um malfeitor, uma criatura perigosa, pronta para machucar os outros, alguém cujo lugar é a prisão. E, embora soubesse que estava errado, tinha consciência de que não era um malfeitor nem era perigoso; era simplesmente Derico, um rato educado, de bom coração.

Indo e voltando pelo velho túnel de toupeira com pesados ducados, ele parecia um roedor muito atarefado. Era um trabalhador, um colecionador, um decorador e, quando descansava, um nababo, ou seja, um ostentador. Derico resolveu que as moedas ficariam melhor nas paredes. Construiu andaimes e, com muito esforço, ergueu os ducados e os pregou nas paredes do quarto, usando uma marreta coberta com pano para evitar arranhar a superfície das moedas. Precisou fazer tudo isso sozinho, levantando os ducados e segurando-os no lugar enquanto marretava.

O efeito foi glorioso. No brilho agradável e dourado ao seu redor, os rubis se refletiam aqui e ali nos ducados, e sua própria luz rubra se dourava lá e cá com a imagem espelhada das moedas nas paredes. O rato decidiu acender algumas velas. Elas eram ainda melhores que lamparinas, porque o tremeluzir fazia os reflexos do rubi e do ouro dançarem em êxtase, enquanto o coração de Derico pulsava de empolgação. Que beleza inacreditável! Se ao menos pudesse dividi-la com alguém...

Ele pegou a bengala, subiu a escada até a saída e disparou para a cidade. Lá, caminhou pelas ruas para cima e para baixo, fingindo interesse no conteúdo das vitrines das lojas, vagou pelos cantos falando "Oi" para quem quer que passasse e sabendo que não podia contar a ninguém o que ele tanto queria contar. Tinha que continuar a ser um segredo.

Se tinha que ser um segredo, ele bem que poderia aproveitar ao máximo o fato de ter um. Derico perambulou ao longo do bulevar com a bengala debaixo do braço e as patas no bolso, sabendo que sabia algo que ninguém mais sabia. Parou para falar com um coelho conhecido seu e, enquanto se perguntavam se ia chover ou se as nuvens estavam apenas ameaçando chuva sem a intenção de desabar, ele pensou em sua casa cheia de joias e sorriu por dentro diante da ignorância do coelho.

Naquela noite, Derico jantou trufas. Eram difíceis de achar, mas ele se dera ao trabalho de encontrá-las e desenterrá-las. Comeu-as com um vinho borgonha suave, envelhecido por três anos. O rato olhou ao redor, satisfeito. Molhou os bigodes com um pouco de vinho. Ele os enxugou. Não, Derico não estava completamente satisfeito. Todas as cores de sua pequena mansão eram quentes — rubis vermelhos, ducados dourados, terra marrom, juta bronzeada, madeira —, amareladas pela luz das velas. Ele precisava de tonalidades frias para criar um contraste na paleta de cores.

Pensou sobre isso a noite toda e, bem cedinho, voltou ao Tesouro. Ainda ficava imensamente impressionado com o que via lá, mas não maravilhado. Agora, ele próprio vivia em um ambiente igualmente luxuoso. Vasculhando, Derico encontrou umas peças de prata de excelente manufatura, incluindo um medalhão de lilases graciosamente gravados que ele vira uma vez preso no manto roxo do rei Basílio. Levou-o através do buraco até sua casa e então voltou em busca de mais alguns ornamentos de prata — um par de anéis, um broche e uma colher gravada que tinha o mesmo tamanho que ele.

A colher de prata, ele encostou de maneira casual e artística contra a parede ao lado de sua cômoda. O medalhão de prata, ele depositou em cima da cômoda, para servir como uma espécie de travessa. O broche, ele prendeu na porta, e pendurou os anéis no encosto das duas cadeiras. Depois estudou os resultados de sua obra a partir de várias perspectivas e gostou do que viu. Mas, mesmo assim, faltava algo — um destaque. Então, Derico voltou às pressas para o Tesouro.

Lá, ao levantar uma capa de veludo, ele descobriu o diamante Kalikak. A grandiosidade da peça o atordoou. Agora que tinha visto aquilo, sua casa parecia mais pobre, tamanho era o contraste. Derico precisava ter aquela preciosidade, não havia alternativa. Trêmulo de empolgação, afobado, assustado com a própria audácia e ao mesmo tempo orgulhoso dela, ele começou a mover o grande diamante. Empurrou-o da mesa onde o havia encontrado. Rolou-o pelo chão de pedra e, quando alcançou a fenda, passou-o por ela. Rolou-o pelo túnel de toupeira e o colocou dentro de sua casa.

Derico não sabia que aquela peça se chamava diamante Kalikak e era mundialmente famosa. Sabia apenas como era indizivelmente deslumbrante, lampejante, radiante, quase viva. Já sabia onde devia pôr aquela gema estupenda — no lugar a que ela pertencia: o topo da mesa bamba no centro do quarto. Ele a colocou ali e acendeu todas as lamparinas e velas. O diamante Kalikak não só refletia a luz amarelada como também disparava flechas azul-celeste por toda parte. As luzes, os reflexos e os contrarreflexos criaram uma atmosfera maravilhosa que transtornou a pequena cabeça de Derico. Seu lar era um palácio do qual

ele estava imensamente orgulhoso. É verdade que ainda cheirava a queijo rançoso e terra imemorial, e que nele ainda havia trapos e móveis bambos, mas ainda assim era um palácio.

Empanturrado de queijo, vinho e cogumelos, o rato deitou-se na cama de juta naquela noite, se virando e revirando, arrotando e pensando. Teria sido um acidente o que o conduzira por aquele túnel de toupeira até o Tesouro, ou fora o Destino ou algum outro grande poder? Estaria ele, Derico, o próprio e mais ninguém, destinado a dar de cara com aquela grande fortuna? Era isso o que ele se perguntava.

Adormeceu tarde. Quando acordou, sentiu que precisava encontrar um confidente. Devia haver alguém, alguém em que ele ainda não tivesse pensado, com quem pudesse dividir seu segredo. Devia haver alguém com quem pudesse se abrir e falar sobre seus sentimentos. É claro que teria de ser alguém pequeno, que coubesse em sua casa e assim pudesse ver do que ele estava falando.

Ao meio-dia, correu para a cidade e lá ficou sabendo do julgamento de Galvão. Estavam todos falando sobre isso. Em toda parte.

Derico se apressou rumo a sua casa e se atirou na cama. O fato é que nunca lhe passara pela cabeça que os roubos seriam descobertos. Ele não tinha se permitido pensar nisso. Às vezes, começava a refletir a respeito, mas logo punha o pensamento de lado, e com ele seus medos. Achava que, enquanto guardasse segredo, permaneceria sendo um segredo. Agora ele percebia como aquilo tinha sido pouco realista de sua parte.

O rato começou a pensar ansiosamente nos apuros de Galvão. Suas ponderações levaram-no a concluir que o bom ganso estava a salvo. Ninguém jamais acreditaria que alguém como Galvão tinha cometido um crime. O ganso tinha a estima de todos, especialmente do rei. Será que alguém acreditaria que ele, Derico, fora o responsável? Teria ele mesmo acreditado nisso antes do acontecido? Mas e se Galvão fosse considerado culpado? Bem, se Galvão *fosse* considerado culpado, ele, o rato Derico, se apresentaria na corte e apontaria a si mesmo como culpado, para que a justiça fosse feita. Se Galvão fosse considerado inocente, o que certamente seria o caso, Derico decidiu que ficaria de boca fechada.

Ele olhou para a obra ao seu redor. As paredes douradas pareciam um tanto embaçadas. Os rubis tinham perdido um pouco do esplendor. Ele se virou e deitou-se de cara na juta. Encontrou algum consolo no próprio hálito quente e no cheiro familiar e bolorento da cama.

Três dias antes do julgamento, Derico se deu conta de que era um ladrão. E não apenas um ladrãozinho, mas um ladrãozão. E ele tinha roubado da realeza. Como é que não entendera isso antes? O rato não tinha se permitido entender. Um julgamento estava sendo realizado porque um crime tinha sido cometido, e *ele* tinha cometido esse crime.

Olhou-se no espelho muitas vezes. Não parecia um criminoso. Parecia o mesmo de sempre, só que mais triste, mais preocupado. Será que o ganso Galvão parecia um criminoso? Certamente que não! Contudo, estava sendo levado a julgamento; considerava-se possível que ele fosse culpado. Derico decidiu confessar. Iria ter com o rei, reparar o erro e receber o castigo. Castigo? Que castigo? Ser enforcado em praça pública? Receber chicotadas? Passar anos numa prisão infecta sendo alimentado a pão dormido e água? Ser banido do reino? Perder a afeição do rei?

Não, ele não confessaria. Confessaria apenas se fosse absolutamente necessário. Apenas se Galvão fosse considerado culpado. E isso não iria acontecer. Essas e outras ruminações oprimiram as noites insones e os dias maçantes de Derico até o dia do julgamento chegar.

No julgamento, ele mal pôde acreditar no que via. Sentou-se no canto de um banco ao lado do traseiro do porco Urias, com as mãos entrelaçadas, roendo as unhas enquanto encarava o vazio. Como era possível que o rei cometesse tais erros de julgamento? Como era possível que toda a comunidade, os amigos de Galvão se voltassem contra ele? Mesmo que ele *fosse* culpado, eles ainda não eram amigos? Que tipo de amizade era aquela que demonstravam? Por que Galvão não falou mais, não suplicou? Por que ele só declarou sua inocência, em vez de se defender?

Derico estava convencido de que, se Galvão não tivesse voado pela janela, ele próprio teria se apresentado e acabado com a brincadeira, a estúpida injustiça, ao confessar. Ele precisava pensar assim.

O rato cambaleou de volta para casa sentindo suas pernas fracas e sentou-se à mesa bamba com a cabeça apoiada no diamante Kalikak. Embora completamente deprimido, ele não ignorava a sensação do diamante duro, liso e frio contra sua testa macia e peluda. Desejou voltar no tempo até o momento decisivo, quando ficou mordido de inveja da riqueza do rei lá no Tesouro. Se a história pudesse ser reescrita e ele fosse lá de novo, avaliaria as consequências e não roubaria. Ao contrário, iria ter com o rei e relataria a existência da fenda entre as duas pedras no chão, para que o local fosse cimentado. E assim seria recompensado de alguma maneira, até mesmo ganhando um destaque interessante na comunidade.

Por que é que ele tinha desejado ser rico, ou sentir-se rico? Ele era um rato infeliz antes do roubo? Não via que o próprio rei com frequência parecia triste? Será que alguém era completamente feliz?

Ora, Galvão tinha escapado; ele não estava sendo castigado. Derico ao menos podia agradecer por isso. Decidiu se animar com música. Apanhou sua cítara e se sentou para tocá-la. Bateu levemente nas cordas algumas vezes. Sua palheta caiu dos dedos. Ele estava tomado pela infelicidade.

Semanas se passaram. Derico estava sentado em seu buraco em meio às raízes do carvalho, sem comer, sem fazer nada, encarando os ducados idiotas pendurados nas paredes. Às vezes, ficava deitado como um cadáver na cama de juta e, sempre que se sentia incapaz de tolerar a própria companhia por um único segundo a mais, ia para a cidade. Seus amigos diziam que ele não parecia bem e deveria ir ver um bom médico. Ele continuava a ouvir que as sentinelas do rei estavam procurando por Galvão em toda a floresta do outro lado do Lago Soberbo, onde o ganso tinha desaparecido.

Em casa, o rato começou a se perguntar novamente sobre Galvão. Onde quer que estivesse, ele estaria feliz?

Derico não tinha encarado essa pergunta ainda, mas agora estava claro que não havia como o ganso estar feliz. Que criatura inocente, condenada pela sociedade e forçada a fugir feito um criminoso, estaria? Claro que não! Ele estava em algum lugar, sozinho, magoado e escondido. Derico pensou em uma estratégia para limpar o nome do ganso. Ele próprio continuaria a roubar. Assim, todos se dariam conta de que estavam errados a respeito de Galvão.

Nos dias seguintes, o rato voltou ao Tesouro, roubou a esmo — pedras preciosas, medalhas, dinheiro, o que fosse — e empilhou as coisas em sua casa. Na cidade, logo ficou sabendo que os novos roubos foram descobertos e que não havia ninguém a culpar, porque agora somente o rei Basílio tinha as chaves. Era um mistério. Mas pelo menos agora todos sabiam que Galvão era inocente e sofrera uma grave injustiça. Todos andavam com a cabeça baixa, de tanta vergonha. O rei estava arrasado. Tudo o que ele podia fazer era repreender o primeiro-ministro, oferecer uma generosa recompensa para quem descobrisse a identidade do verdadeiro ladrão e dobrar as forças que esquadrinhavam a floresta em busca de Galvão.

Justificar Galvão, isto é, provar sua inocência, foi a primeira boa ação que Derico fez desde que se tornara um ladrão. Isso aliviou seu tormento, mas apenas brevemente. Só de pensar na infelicidade que havia causado ao reino e a todos os súditos do rei, e de lembrar que restaurar a reputação de Galvão ainda não ajudava em nada o próprio ganso, ele já caía em um desespero paralisante.

Derico tinha que fazer alguma coisa, realizar alguma coisa, para amenizar sua sensação de culpa. Ocorreu-lhe que não precisava ter roubado mais para estabelecer a inocência de Galvão. Podia muito bem ter devolvido as coisas. Pouco a pouco, então, ele começou a transportar os bens roubados de sua casa até o Tesouro. Era um trabalho árduo, mas saber que isso era a coisa certa a fazer lhe dava forças.

O rato voltou a comer para poder trabalhar melhor, e trabalhar, por sua vez, o deixava com fome. Em um dia, Derico removeu todos os ducados de ouro e os carregou de volta ao Tesouro. No outro dia, devolveu todos os rubis e o diamante Kalikak. No terceiro dia, restituiu o restante.

A notícia se espalhou rapidamente pela cidade. Aonde quer que Derico fosse, o fato era discutido com grande assombro e confusão — na taberna, nas ruas, em toda parte. Derico fingiu grande interesse quando o assunto chegou até ele. O rato também ficou sabendo que as sentinelas

reais tinham desistido de procurar por Galvão na floresta. Haviam concluído que ele não estava lá e começaram a procurar mais longe. Talvez os esforços fossem em vão. Talvez ele tivesse voado para uma terra distante.

A devolução do tesouro não restaurou a felicidade de ninguém. Depois da empolgação inicial, isso mal pareceu importar. O que importava era o que tinha sido feito a Galvão, e todo mundo sabia que a injustiça precisava ser reparada, do contrário ninguém jamais voltaria a se sentir feliz. Pouco se pensava em encontrar o ladrão.

O "ladrão" estava sentado em sua pobre toca, encarando as marcas que os ducados de ouro tinham deixado nas paredes de barro. Se ele estivesse feliz agora, poderia se sentir em casa naquele buraco modesto. Mas ele estava tudo menos feliz. Já que todo o tesouro tinha sido devolvido, talvez ele não fosse mais um ladrão. E o nome de Galvão estava limpo novamente... mas ele sabia que Galvão estava infeliz. Sabia que o rei Basílio estava infeliz, que todos em seu reino estavam infelizes, e que ele, Derico, era o único responsável por isso. Lágrimas embaçaram seus olhos. O manto de tristeza que pairava sobre todo o reino pesava mais sobre ele.

Quando Galvão escapou pela janela da corte e voou alto sobre a cidade, batendo as asas em movimentos largos e descontrolados, ele voltou o olhar para baixo. Vistos do alto do céu, o rei e a multidão reunida ao redor dele na praça do tribunal pareciam insetos frenéticos. Galvão decidiu se afastar deles o mais que pôde.

Sobrevoando o Lago Soberbo, ele recebeu o frio do ar aberto e a visão das águas amplas, margeadas de florestas. Mas Galvão era um ganso cansado depois das provações recentes, e logo consumiu a energia que sua raiva tinha providenciado.

Quando atravessou o lago, não conseguiu ir mais longe e despencou sobre uma clareira na floresta. Descansou encostado a uma nogueira, respirando com dificuldade e reconhecendo os arredores. Ele já estivera em muitos lugares, naquela floresta e em outras, mas, não tendo nunca estado naquele lugar específico, achou-o estranho. Também lhe parecia familiar, porque era apenas mais um lugar numa floresta.

Galvão não tinha comido a pobre refeição oferecida a ele na prisão e estava com fome, porém cansado demais para sair em busca de alimento. Encontrou um canteiro de rododendros, entocou-se sob as folhas e, razoavelmente escondido, pegou no sono.

Quando acordou de manhã, ficou surpreso ao ver as folhas de rododendro acima dele. Rapidamente se recobrou, alisou as penas por força do hábito e saiu em busca do café da manhã. Moveu-se cautelosamente pela beira do lago, já que sabia que viriam à sua caça. Encontrou umas minhocas para comer, uns brotos tenros de plantas e alguns insetos suculentos.

Percebendo que devia tomar cuidado para não deixar pegadas, ele amarrou folhas de junco aos pés palmados e caminhou apagando as marcas que tinha feito no solo úmido da margem do lago.

Enquanto vagava desajeitadamente em cima daqueles sapatos estranhos, o ganso refletiu sobre os últimos dias, especialmente o dia do julgamento, e ficou desolado. Sentiu que deveria alçar voo de novo e continuar a caminho de algum lugar bem distante, mas estava deprimido demais para tal empreitada.

Na floresta, Galvão deparou-se com um penhasco e descobriu ao lado dele uma pequena passagem para uma caverna bastante grande. Havia luz na caverna, porque muito acima da entrada existia uma fissura nas pedras irregulares, formando uma janela bem estreita. O ganso decidiu fazer dessa caverna o seu lar temporário, até que tivesse certeza exata do que fazer e para onde ir.

Tomada a decisão, ele se pôs ao trabalho. Usando uma vareta de madeira e uma pedra achatada como ferramentas, desenterrou alguns arbustos e habilmente os plantou na entrada de seu novo lar, de modo que ficaria quase impossível vê-lo ali. Cobriu a terra recém-cavada com folhas mortas. Era improvável que alguém notasse a janela estreita, por causa da posição dela e porque, vista de baixo, parecia só mais um vão entre as rochas.

Amarrando toras e gravetos a parreiras, ele conseguiu fazer uma cadeira e uma mesa toscas. O ganso agora tinha um lar. E teve a certeza de que os grupos de busca do rei, que o procuravam na floresta, não o encontrariam.

Galvão assumiu a vida de um fugitivo recluso, tendo a si mesmo como única companhia. Por mais que o nado lhe trouxesse consolo, ele esperava o cair da noite, quando havia pouca chance de ser visto, para nadar no lago. Usava as folhas de junco nos pés ao caminhar e procurava rápida

e furtivamente por alimento, sempre se apressando no retorno à sua caverna escondida. Evitava acender fogueiras, embora com frequência desejasse o calor de uma e soubesse como esfregar dois gravetos até produzirem fogo.

Ele passava a maior parte do tempo na caverna. E lá ficava matutando — remoendo seus infortúnios. Recordava-se de seus ex-amigos, lembrava-se da aparência, da voz, do jeito deles, da relação calorosa que tinham tido. Como foi possível que tivessem se voltado contra Galvão, acreditando que era um criminoso — mesmo com indícios que parecessem comprovar isso? Como o ganso havia admirado o rei! Não tinha concordado em proteger o Tesouro Real só por amor a Basílio? Não havia milhões de outras coisas que ele teria preferido fazer? Onde estava a gratidão do rei? Gratidão? Amor? Lealdade? Amizade? Que significavam essas coisas para todos eles?

Examinando suas lembranças amargas, Galvão frequentemente chorava com a cabeça apoiada na asa, debruçado sobre sua mesa tosca, ou encarava as paredes úmidas de pedra. Às vezes, no meio da noite, na escuridão de sua caverna secreta, ele acordava aos prantos. Agora sabia: se algum dia eles o tivessem amado com sinceridade, teriam percebido que ele era incapaz de roubar, mentir ou trapacear de qualquer forma que fosse. Quando ele era bem jovem, apenas um gansinho, havia mentido a respeito de um

assunto sem importância, apenas por medo, e talvez uma ou duas vezes tivesse roubado uma ameixa ou um centavo. Mas ele não era nenhum mentiroso, nem ladrão.

Como ansiava por um amigo! Como ansiava por estar em uma comunidade com outras almas adoráveis de novo. *Você é uma desgraça para este reino!* Ele não conseguia esquecer essa frase cruel dita pelo rei. Ficou grudada em seu cérebro. Por que o mundo continuava sendo tão lindo apesar da feiura que ele tinha vivenciado? O lago era lindo, de uma lindeza serena. A floresta era linda, de uma lindeza verdejante. Lago e floresta, o mundo cintilante era inteiro lindo de doer. Ele amava esse mundo, mas estava magoado demais para apreciá-lo.

As sentinelas do rei passaram muitas vezes por sua porta escondida. Espreitando de dentro da caverna, Galvão observou os vigias procurando no matagal e indo embora. Reconheceu cada um deles e, por vezes, desejou sair correndo e se entregar, só para poder voltar a falar. Após várias semanas, eles deixaram de aparecer. Estavam buscando em outra parte e com novo propósito. Queriam encontrá-lo só para fazer as pazes. Mas Galvão não sabia disso.

Ele começou a se acostumar com aquele novo ambiente. Fez algumas melhorias em sua morada, como um banquinho para os pés e um tapete que trançou com junco. Ele ainda se lembrava com amargura das injustiças que sofrera, mas corajosamente seguiu sua vida, e até conseguiu apreciá-la com cada vez mais leveza. Se tivesse a possibilidade de dividir essa infelicidade com um amigo, teria sido ainda mais feliz.

Já que agora ninguém mais o seguia, ele ficou mais solitário — e um pouco mais relaxado. Ainda usava o junco amarrado aos pés e ainda mantinha os olhos bem abertos, mas permanecia mais tempo fora da caverna e perambulava até mais longe à luz do dia, estudando coisas como a grande variedade de bagas. Assim, pensava menos em si mesmo. E sentia-se razoavelmente seguro.

Um dia, estendendo suas pesquisas a um novo canto do seu domínio, deparou-se subitamente com o rato Derico, que surgiu de baixo de uma grande folha. Galvão ficou eletrizado. Ele tinha abandonado a ideia de voltar a ver quem quer que fosse de sua vida passada.

— Galvão! — gritou Derico com sua vozinha estridente.

Galvão permaneceu parado, preso ao chão.

— Derico! — sussurrou ele roucamente, encarando o velho amigo, sem acreditar que ainda conseguia falar depois do longo silêncio. — O que *você* está fazendo aqui?

— Estava procurando você — respondeu Derico.

Galvão riu, ou melhor, fez sons que pretendia que fossem uma risada.

— Imagino que você vá me segurar, me acorrentar e me levar ao tribunal — disse ele com sarcasmo.

— Ah, não — disse Derico. — Só estão procurando por você ainda porque querem lhe pedir perdão. O rei, todo mundo — eles sabem que não foi você.

Após um momento de silêncio, Galvão perguntou:

— Eles sabem quem foi?

— Não — disse Derico. — Não sabem. Mas eu sei. Fui *eu*!

— *Você?!*

— *Sim*, eu — confirmou Derico.

— Como sabem que não fui eu? — perguntou Galvão, encarando atordoado o pequeno rato.

— Porque — disse Derico —, para provar sua inocência, eu continuei roubando depois que você fugiu voando.

E ele contou a Galvão toda a história de sua ladroagem sem intenção maliciosa, de seu choque ao ver Galvão ser considerado culpado *durante* o julgamento, de sua vontade de confessar mas ter medo, de seu sofrimento.

Algumas vezes ele parou para chorar, e, quando descobriu que era capaz de chorar mais na presença daquele que havia injustiçado do que *antes* fora capaz sozinho, seu pequeno corpo foi sacudido por soluços. Galvão desabou e chorou com ele, as lágrimas quentes correndo pelo pescoço. Ele sentiu tantas emoções — alegria por ter sido justificado e por estar com Derico; raiva do que acontecera; infelicidade porque tais coisas pudessem acontecer; pena de Derico; amargura em relação aos amigos infiéis e ao rei que ele amava; saudade de uma vida boa; ternura ao pensar em como a vida podia ser linda e dor por ela não ser. Foi demais para ele.

— Você algum dia vai me perdoar? — perguntou Derico, pesaroso.

Galvão olhou para o pequeno rato envergonhado diante de seus pés calçados com junco.

— Eu o perdoo de boa vontade, caro rato — disse ele. — Posso ver quanto você sofreu, e ambos sabemos o que é sofrimento. Mas nunca vou perdoar aqueles que costumavam se dizer meus amigos — estas árvores são mais amigas do que eles eram — e estou certo de que nunca vou perdoar o rei.

— Mas eles também sofreram — disse Derico. — O rei, mais que todos.

— Que sofra. Que todos eles sofram — disse Galvão. — Nunca mais quero vê-los de novo.

Mas ele queria vê-los de novo; não havia nada que ele mais quisesse, e o rato sabia disso. Derico tocou de leve na perna rugosa de Galvão. Isso bastou. Ao sentir o toque de um companheiro, o calor que por tanto tempo almejara, o ganso cedeu.

— Sim, eu quero vê-los — admitiu. — Quero muito. Eu os perdoo.

— Todos cometemos erros — disse Derico.

— Venha ver minha casa — disse Galvão.

No caminho, o ganso explicou o porquê dos calçados esquisitos de junco. Derico riu, e Galvão desamarrou as folhagens. Fizeram uma refeição agradável na caverna e conversaram sobre muitas coisas.

— Por que veio procurar por mim aqui — perguntou Galvão —, se todos os outros tinham desistido de me procurar nesta floresta?

— Foi um palpite — disse Derico. — Pensei que você devia estar terrivelmente desanimado e sabia que, no seu lugar, eu não teria tido ânimo de voar muito longe. Adivinhei que você estava escondido em algum lugar por

aqui e senti que eu estava fadado a encontrá-lo. Remei pelo lago hoje de manhã, e não demorou para que você aparecesse.

Galvão riu.

— De todos os que procuraram por mim, você é o mais improvável de ser notado, ainda mais escondido debaixo de uma folha. Me diga uma coisa, você vai confessar?

— Sim — respondeu Derico. — O tesouro foi devolvido e, quando eu voltar com você, todos ficarão tão felizes que não vão querer me castigar com muita severidade. Mas preciso ser castigado pelo que fiz. Não acha?

— Acho que você já foi castigado pelo que fez — declarou Galvão. — Você sofreu mais do que ninguém.

— Não, você é que sofreu — contestou Derico. — Foi você que culparam injustamente.

— Mas você tinha consciência de que causou sofrimento a tantos — disse Galvão.

— E quanto ao rei? — questionou Derico. — Imagine o que ele não suportou depois de julgá-lo tão injustamente!

Galvão suspirou.

— Derico — disse —, eles jamais podem saber quem foi o culpado. Deixe que fiquem pensando sem nunca saber a resposta. Eles merecem pelo menos isso, pela falta de fé.

— Concordo — respondeu Derico de pronto. — Só você e eu vamos saber.

Puseram-se a cruzar o lago por volta do meio-dia, Derico montado nas costas de Galvão. Ele segurou firme, porque ventava e a água estava revolta. Chegaram à cidade ao pôr do sol, quando acendiam as luzes. Foi como se as luzes estivessem dando boas-vindas.

Quando subitamente apareceram, caminhando pela avenida principal até o palácio do rei, feito um exército triunfante indo reivindicar suas conquistas, todo mundo correu até eles, gritou, aplaudiu e saiu correndo para proclamar a notícia aos demais.

Os dois foram alegremente recebidos pelo rei.

— A partir de agora até o fim dos tempos, eu jamais deixarei de confiar em você! Peço perdão — Basílio disse a Galvão, e falou com seriedade.

— Por favor, rogo a Vossa Alteza que esqueça — pediu Galvão. — Eu perdoo.

Aliviado de sua grande dor, o rei começou a chorar. Ele nunca tinha chorado em público antes, mas não teve vergonha. Envolveu Galvão num poderoso e amoroso abraço; Derico, ele enlaçou com um pouco mais de cuidado. Os dois responderam à altura. Após uma longa reunião juntos, na qual discutiram o roubo, o julgamento, seus desdobramentos e os sentimentos de todos, para não mencionar os vários problemas da vida — seja a de um urso, seja a de um ganso, a de um rato, a de um rei, a de um súdito —, Galvão voltou para sua verdadeira casa e Derico para a dele. A cidade inteira dormiu bem naquela noite.

Realizou-se uma festa para celebrar a volta de Galvão ao lar e para homenageá-lo, e também para Derico, que tivera sucesso em achá-lo. Um a um, os amigos de Galvão o puxaram de lado para pedir seu perdão, e ele os perdoou generosamente. O ganso conseguiu amá-los de novo, mas agora os amava de uma maneira mais sábia, conhecendo as fraquezas deles. O rei disse a Derico que pretendia lhe dar uma recompensa, mas ele implorou que não.

O Tesouro era protegido agora por quatro buldogues: o filho de Luísa Mabel, que fora batizado com o nome de Galvão, e seus três irmãos, Gabriel, Egídio e Icabô. O rei nomeou Galvão para o cargo de arquiteto real. Galvão tornou Derico seu assistente e, de imediato, começou seu primeiro projeto — uma nova casa de ópera, para a qual decidiu usar sua forma favorita, a do ovo. Ele queria construir edificações que perdurassem, que continuassem a ser celebradas como grandes exemplos de arquitetura muito tempo após a sua morte.

Antes de começar a trabalhar para Galvão, Derico secretamente cimentou a fenda existente no chão do Tesouro. Não era de fato necessário, mas isso o fez se sentir melhor. Ele sentiu que assim punha um fim no episódio todo — o roubo, o julgamento e seus desdobramentos.

Houve paz e harmonia no reino de novo, exceto pelos pequenos problemas que aparecem de vez em quando, mesmo na melhor das circunstâncias, já que nada é perfeito.

Posfácio

UM PERSONAGEM EM QUE A GENTE PODE SE ESPELHAR

Regina Zilberman

O urso Basílio era um rei generoso, admirado por todos. Mas, para a guarda do Tesouro Real, só confiava em um de seus súditos: Galvão. Esse ganso havia abandonado sua rotina e seus sonhos para ficar de prontidão diante do prédio recém-construído que abrigava as riquezas do reino. Achava a tarefa aborrecida, mas a fidelidade e a lealdade ao rei compensavam o esforço diário de contar e recontar as preciosidades ali armazenadas.

Apenas Galvão e o rei tinham acesso ao Tesouro. Por isso, quando joias e moedas começaram a sumir, Basílio concluiu que somente o ganso poderia tê-las roubado. Quem leu a história sabe o que ocorreu: eventos sofridos que machucaram os personagens, desde o rei e o devotado guardião até o verdadeiro responsável pelo roubo, que, consciente do mal que provocara, acabou por confessar o ato criminoso ao amigo ganso.

Esse resumo dá a entender que *O real ladrão* é uma história policial, como tantas que a gente acompanha na literatura e em nosso cotidiano. Afinal, há um roubo, uma denúncia, que se revela falsa, e o desmascaramento do infrator. O enredo mostra inicialmente a vida tranquila de Galvão, dos demais guardas e do rei. Depois, tudo se transforma quando ocorre o furto. E é essa ação que determina a desconfiança e o castigo — do "real ladrão", o verdadeiro (ou real) ladrão do Tesouro Real.

Mas esse resumo não dá conta do assunto principal da história. O que o livro quer discutir é mais sério e mais importante; diz respeito, em primeiro lugar, à acusação injustificada e, em segundo, à punição.

O fato é que Basílio acusa Galvão sem ter provas de que seria ele o infrator. Chega a essa conclusão porque só ele e o ganso teriam acesso ao Tesouro, garantido em um prédio inviolável. Mas, como se sabe, o prédio não era tão inviolável assim, de modo que Galvão é acusado sem que sua culpa seja atestada. O ganso padece muito até ser inocentado e reconquistar o amor de seus amigos e do rei, mas as marcas deixadas pelo episódio nunca desaparecem. Galvão não será mais o mesmo, ainda que, agora, ciente do próprio valor.

O segundo ponto discutido pelo livro é igualmente importante: devemos censurar as pessoas que, às vezes até sem más intenções, cometem um ato condenável? Não é melhor perdoar, porque também nós, os acusadores, podemos ter errado em algum momento de nossas vidas?

É quando Galvão perdoa os amigos — o rei que o acusou falsamente, as pessoas da cidade, o responsável pelo roubo — que ele revela sua imensa generosidade. Poderia ter optado por se vingar, exigindo a humilhação dos que o incriminaram e cobrando algum tipo de reparação. Mas o ganso não faz isso, procurando compreender o que aconteceu. Assim, retoma os laços com todos, recupera a confiança em si e se sente reconfortado.

Lendo essa bela história e acompanhando os dilemas dos personagens, encontramos a nós mesmos. Quantas vezes denunciamos irmãos, amigos e colegas sem ter certeza — ou até tendo certeza — de praticar justiça? Quantas vezes deixamos de perdoar a quem, talvez até sem querer, nos prejudicou?

O real ladrão sugere que é preciso muito cuidado quando se acusa alguém de uma ação incorreta e que, mesmo tendo sofrido por causa do erro, cabe ser generoso, entender e perdoar, o que é sinal de compaixão e maturidade.

Atitudes assim tornam o mundo melhor. Um mundo do qual vale a pena participar.

Sobre o autor

William Steig (1907-2003) nasceu em Nova York, nos Estados Unidos. Foi cartunista, ilustrador e autor de livros para adultos e crianças. Seus primeiros trabalhos surgiram na revista *The New Yorker* e sua estreia na literatura infantil se deu em 1968, com *Roland the Minstrel Pig* [Roland, o porco menestrel]. Entre suas dezenas de livros, muitos traduzidos para várias línguas, estão *Shrek!* (Companhia das Letrinhas, 2001), que serviu de inspiração para o filme de mesmo nome, e *Dr. De Soto* (Companhia das Letrinhas, 2016). Em 1970, recebeu a medalha Caldecott, por *Sylvester and the Magic Pebble*, obra publicada no Brasil com os títulos *Silvestre e o seixo mágico* (Martins Fontes, 2007) e *Silvester e a pedrinha mágica* (Companhia das Letrinhas, 2017). Em 1973, seu livro *Dominic* (FTD, 2017) venceu o Christopher Award e foi finalista do National Book Award. Por sua obra, Steig recebeu o Premio di Letteratura per l'Infanzia (Itália), o Silver Pencil Award (Holanda) e o Grand Prix de la Fondation de France (França). Em 1977, foi honrado com a medalha John Newbery por *A ilha de Abel* (FTD, 2018). Além dessas premiações, concorreu pelos Estados Unidos, como ilustrador e escritor, à prestigiosa medalha Hans Christian Andersen. Morreu em Boston, aos 95 anos.

Sobre o tradutor

Fábio Bonillo nasceu em Pouso Alegre (MG), em 1987. É jornalista e editor. Traduziu, entre outros livros, *O macaco e a essência*, de Aldous Huxley (ganhador do prêmio Jabuti de tradução), *Os luminares*, de Eleanor Catton (finalista do prêmio Jabuti de tradução), *O livro das evidências*, de John Banville, *O livro de peixes de Gould*, de Richard Flanagan, e *Drácula*, de Bram Stoker.

Produção gráfica
FTD EDUCAÇÃO | GRÁFICA & LOGÍSTICA
Avenida Antônio Bardella, 300 - 07220-020 GUARULHOS (SP)
Fone: (11) 3545-8600 e Fax: (11) 2412-5375
São Paulo - 2023